我要写一首诗给你

东北师范大学出版社

长 春

序：诗人的旅行

西棉

要不是那个夏天的早晨，我穿了一条新买的红裙子，大概也没有这一场交往了。彼时，我的电台——『言寺·midnight poems』天天挂在荔枝FM的首页上，常常收到各方来信。于是回到那个穿了新裙子而心情特别好的早晨，又见到程哩的留言，这才一『见』如故。

这是五年前的事儿了。

那年初冬，我去了趟长白山，在长白山脚下录播了程哩的《无题十六行》，那个夜晚下着雪，『夜寸寸地长』，我顶着重感冒，在异乡的旅店，忧疑那个人，究竟去到了哪里。

2015年的冬天，陆陆续续读到他的长白山诗抄，便有了第二辑《诗人的旅行》。而这一辑，我其实将它视作『告别』，告别那些

『回忆啊，想念啊，什么样子的夏天』，而决心『醒来，讨生活过日子』。这个时候，我与 L 初相识。（如今，他是我的先生。）告别之后，电台的更新变得懒散起来，生活迅速步入符合期待的『正轨』。而程哩如同当初一样，总是时不时地给我留言，敦促我不要放弃。再一次好好录他的诗，已是今年春天了，作为两个孩子的妈妈。『一只松鼠跳跃在街区公园的雪松间，孩子们长大成人』，《女人》相当应景。

这些年来，我们并没有真的见过彼此，似乎也并没有要见的意思。而我想感谢这份『不相见』的情谊，意外地促成了一本诗集。此时 CD 机里传出的歌是 Leonard Cohen 的 The Land of Plenty，丰饶之地。

那么就这样吧，多保重。

二零一九年七月于上海

自序：山中多白云

2014年，由于工作关系，一个人在山里呆了几个月，放下多年的笔，又拾起来，便有了长白山系列作品。经荔枝F.M主播西桸、何唱等人的朗读，开始小范围传播，后来又承蒙专业配音演员晓白、天湖参与其中，再后来影星周迅也读了《我要写一首诗给你》和《妖怪》，这些朗诵，是再创作，自有别样的风情。听别人朗读与自己阅读，的确是两种不同感受。有位诗抄忘的读者在微博中写道，有时候也能看见才华横溢的人写诗，写感情，但他们的感情太大，擅长波涛汹涌，无情滔天，程哩的诗是细碎的，雨和雪都是最普通的坏天气，朴实里充满盛大的温柔，然后诗性就从微小的分子里张牙舞爪地蔓延开，『我要写一首诗给你，在醒来的梦里结束』，这句话太温柔了，比波涛、月光、铠甲和金戈温柔一千万倍，你不必奔流到海上，只需在梦中絮语。

真心感谢每一位读者，正是由于你们对诗的喜爱，才会遇上这本书。诗集中作品主要写于 2014 年至 2019 年，共计 211 首，全都是在 iPhone 上完成的。一切都没有改变，一切已悄悄改变。

与君栖之，空山回响。

与君戏之，鱼腾鹤翔。

与君酌之，甘水绵长。

与君语之，隙见天光。

二零二零年十一月于途中

A Poem Just For You

目 录

A Poem Just For You

A Poem Just For You

宁夏印象

1

宁夏，在中国
仅仅比两个小岛大一点
宁夏，在一碗面里
气象万千
宁夏，不吃大肉无杂念
宁夏，枸杞比姑娘好看
天空蓝过 1980 年

宁夏，宜终老

2

张爱玲说，人生有三恨
一恨海棠无香

二恨鲥鱼多刺
三恨红楼梦未完
来宁夏
只恨自己胃小

吃过十万大餐
不如街头撸串

3
吃肉不吃蒜
营养减一半

宁夏，羊肉不膻
可清炖
可泡馍
可凉手抓

可切上二斤带回老家
比内蒙壮
比新疆香
比老北京涮肉鲜
吃羊肉
不长肉
最最关键

4

上好的红酒，一定有
上好的葡萄
正如你的家世酿就了你
上好的葡萄，一定在
北纬37°—39°阳光下生长
恰似法国波尔多
贺兰山东麓，待字闺中

太久太久了
宛若一枚剩女
藏着世间
所有的美

5

给纱帘一次妩媚的机会
窗台上的兰花也开始思念草原
八宝茶荡起涟漪
云朵羊群般从贺兰山涌来

风并不表白
她是默默的

6

看不见星星的夜空不值得停留

在西海固
用白天洗得发蓝的眼睛
跟水瓶座一见钟情

因为这里的水
比眼泪还珍贵

7

夜空兜一圈，兜出繁星点点
山间兜一圈，兜出花儿团团
云彩兜一圈，兜出沙湖串串
黄河兜一圈，兜出塞上江南

我只想驻足宁夏
把余生慢慢兜完

失眠

1

月光铺在海上
你用身体
谱就孤独的曲子

北戴河的蝉
是合唱团

2

失眠的人啊
看到了什么
岛，正被海水淹没
夜，让海鸟啄瞎

失眠的人啊
又看到什么
岛在长高
夜，恢复了视力

3

总是眠而不能眠
三更的雨滴敲打瓦片
黑暗里见光亮
寂静处有声响

4

失眠的夜啊，枕头换作了枕木
那些白日里忽略的火车
此刻，每一小节
都清脆

像是冷兵器时代的短兵相接

5

翻来覆去
把自己煎成一味药
再慢慢熬过
三个时辰
天微亮
大嘴的睡梦草草吞下我

连同一枝梨花

6

睡不着，有人数羊
有人数钱

有的数情人
我数亏心的事儿
一件一件
天都亮了

7

倦意来袭。
茶不能，尽饮明前
咖啡不能，哪怕生南美
月亮亦不能，探于窗台边
明艳艳像不良少年

钟摆，在
走廊深处。

请柬

拿筷子
夹起一个断字
就着碟子里的月色
细细
嚼

1971

你们
从遥远的地方
带一支支杯子回来
一杯子
多么易碎
一辈子
多么易逝

糖葫芦

你说你爱吃草莓的
我要山楂的
两个刚刚下晚课的孩子
磨磨蹭蹭在路上
不肯回去

童年

喝口隔夜茶。
忽忆起小时候的果子露
跟冰棍，
五分钱的夏天啊！

露背裙

四月，每一朵花
都是，振翅欲飞的蝴蝶
枝桠留不住她

四月，每一朵云
都是，写在水上的情书
风一行行读她

四月，每个姑娘
都是，中国山水画的传人
熟知留白的技法

夏至

冰淇淋的夏天
棉花糖的夏天
仰着脸的夏天

夏天，回来了
蝴蝶骨上
一剂走远的清凉贴

西塔

胯下一匹白马
驰过万里河山
醒来时，枕头洁白如新
不因骑着而褶皱

终其一生，我们活不过
一棵老榕树，孤独，且不容易
凡尘里的滋味和乐趣
倒可以略尝二三

偏方

蝲蛄

河沟里捞两斤蝲蛄
去其糟粕
放入玻璃缸
码好
灌上三斤
纯粮小烧
看他们醉生梦死
天凉时
来一盅
我的老寒腿
又能踢足球

普洱桃花

九钱陈年普洱
八钱三月桃花
冲入百度滚水
加盖
封存
四个时辰后
一饮而尽
再隔两袋烟的功夫
忽觉翻江倒海
乱云穿石
昨日小小不绝的油水
以及年夜饭的陈货
通通出仓
概不留宿

午夜过秤
瘦七斤

温馨小贴士：周末服用
宜闭门谢客独处
忌逛街会友赴宴

我爱你

一句话
在肚子里
压了
二十年
终积成
一颗结石
再相见

定要当着你的面
取出
砸碎
换得
漫天黄沙

滇池

1

滇池，我会来第二次
红嘴鸥，也会
浪花，啪啪打湿我的鞋子
索道，继续爬上西山
乌云，仍要留下缝隙
黄连木，黄了又绿
日子没完没了
似乎总有机会
只是湖边，那个穿红色风衣的女郎
不会再遇上
偷偷拍她
再被邀请，好好拍她

2

十一月，有几只鸽子
混迹在滇池边
那么洁白
若不仔细
真以为它们都是红嘴鸥

有人说，它们在唱歌
有人说，它们在拍拖
有人说，它们在吵架
有人说，它们饿了

3

张开翅膀不仅是想拥抱你
更是怕自己坠落
下面是深潭，是十一月

是寒流袭击的日常
张开翅膀，今生不设防
哪怕遍体鳞伤
随着你飞，跟着你荡
我的每根羽毛
都是光，是美，是力量

窗外的云

时不时
变换一下小把戏
勾引我抬头

还是忍不住
把墨水打翻

给你的信
再也无处留白

统计学

一年途经的城市漏掉几座
一年之中喝过的咖啡残留几杯
一生见过的面孔记得几人
一念千山闪过几回
一天的雨忽然停下
长春已凉，长沙闷热
此刻的晚霞
一起拍过

错误

突然发现
你爱上的那个人不是那个人
而是自己的想象

耳廓上的雀斑
像一粒稻谷
又总想去啄她

爱的胆固醇

不要喝那么多酒
不要，可那么多寂寞
又如何咽下

时间的容器，不存在缝隙
要是没那一串气泡
怎么活

还好有大闸蟹
一对对
爱的胆固醇

异地别恋

如果乘坐高铁
农安
王府
长山屯
两家
安广
到保
以上会忽略不计

如果是冬季
十一月
随后的腊月
正月
二月

三月
你将去南方
穿裙子的南方

我们
一直在
距离和想象的风中
美丽得如同
滑翔伞

零点一刻

十年前，他会改变主意
随着她走水路
或者，她改变主意
随他走陆路
这样，山山水水不会再漫长

今夜不期而遇
白城站
她零点，他零点一刻

白云机场

候机楼一僧人
来来去去，如巡视自家的菜地
瓜果梨桃，样样都在

没有阿玛尼
没有苹果7
她两手空空
重回红尘里

去往终南山的路上
反复清空自己
像与肿瘤君的一次次告别
又纠缠不已

中年

有几个朋友在天上
还有几个散落在人间
他们都不联系我

如是

我想象着
在自己的葬礼上
再次遇见你
悄悄地说
他们念的悼词
我不喜欢

你领着我
溜回人间

大观茶论

——书似青山常乱叠
茶如红豆最相思

茶，有千百种
水，不挑剔
随遇而安，保持着
自己的温度
和纯净

煎蒸点煮泡
没水，茶只是枯叶
天下一人
水依然是水

茶遇上水
你遇上我
是半世美丽，还是一场耽搁
绿红黑黄白青花
认了吧
饮了吧

冬茶

——万事藏心
不表于情

下雪了
我心也白了

此时此时需要你热
下一刻
不需要了

你在深夜
赐予我灵感
白日里
空转

这算是告白吗？
却已不知告白了什么
人趁年少
茶要老

那个寄沙田柚给我的人
那个偶发自拍的人

敬亭山房

有了你，冬日不那么薄情
有了你，尝尽苦涩味有一腔回甘
有了你，寒夜如对知己
有了你，这一年不再是空茫

你不是别人，不是万千繁华
不是窗前雪花的叹息
你是我，留也留不住的光
日复一日的庸常

重回故里

——巫山不是云，婆娑细雨间
昏作江南客，踌手已难辨

街道上线杆倾斜，穿插着久久不闻的哨音
鸽群长久地盘旋，陈年的瓦片像书页翻过
耗尽半生的篇幅，铺垫与你相遇的瞬间
结尾跟四季一样，彼此深爱且渐行渐远

想想我这一生从未给过你什么
又如何能在一首诗里指点江山
世界已然不正确
有人仍坚持中规中矩地泡一杯明前茶
用好水好壶和打坐的姿势

等于堂

茶还是寡淡的
两个人像一幅枯山水
寂静，口音隐去
三观相合

铁壶咕咕叫着
花香如蚯蚓爬过窗棂
如此浓烈的春夜
最好喝一点酒

嘟囔是黄桷树的影子
暗处歪过头来
身体里的豹怎么就懒了呢
纷纷四月，未靠近你

茶罐

下雪了
整座城市，是一件白瓷
清雪车轰隆隆爬过
云雀扭转头
专注于冬青
一道道枝丫蔓延
喝茶的人
叫它开片

春夜

今夜不饮茶
从草原深处吹来
掌心里的寂寥

今夜不饮茶
盖子上的细沙如金阁寺
好端端无消息

春天的风
也有停下来的时候

端午节

一阵晚风凉
一屉粽子香

一封山中信
一罐小鱼汤

一席家乡话
一碗薄荷塘

一枚少年郎
一晃下半场

一条好时光
二人天台上

冬至六行

题目一行，空隔一行
余下四行，给落款再留出一行
风一行，雪一行，风雪一行
算算已满六行，打住打住
你说，六行应指正文
哦，冬至吃饺子，添上添上

读首诗再睡觉

把时间花在赶考上
功名上
爱你上
赚钱上
看病上
大把大把的
手里的时间花干净了
上帝才肯见我
总还是差一点点
一点点

哦，读首诗吧

X小说

只是轻轻一握
她的手黏在我的手上
黏在我的钥匙上
抽屉上，键盘和文件上
扶手上，电梯按钮上
餐盘上，热水壶和星巴克杯上
苹果屏幕及刚刚上传的一支曲子上
快递单和读至73页的眉批上
她的手黏在我的手上
我甩了甩
划出一道彩虹

方月亮

月亮像一只猫
从第一扇窗爬到第二扇
穿过吊着毛巾的晾衣架探出半个脸庞
窥视黑暗屋子里她的同类
突然觉得上当了，赶紧躲进铁灰色的披风
不再动弹，我只好关掉 iPad
说声，对不起

海上花

灯塔，如一枚镶钻的胸针
闪闪发亮
别在大海起伏的胸脯上
云是她的乌发
有些神已悄然光临
岸上的人啊，也一定是这样的吧

嘘……

请别打探我的一切
你也无须透露你的

赵小姐

1

赵小姐的高跟鞋
像法槌
只一声
黑暗中的走廊
爬满了耳朵

2

赵小姐的裙子
像SCI
风吹过
一大批专家
摘下花镜

早安北京

爱，有时是习惯
比如早上醒来问一声：早安
睁开眼，北京的天，蓝得像故乡，大家叫阅兵蓝
哦，不禁让人想起不久前的 APEC 蓝
对对对，更像那一年的奥运蓝哟
蓝，不过是普通的蓝
怎么又好像奢侈的蓝
抬起头望望
这就是老北京上空的百姓蓝嘛
出门，约蓝眼睛的同事
喝一碗豆汁儿
也是习惯

东四民芳

我愿意用一堂课排队
另一堂课享受
东四民芳 128 元钱的
鱼头泡饼
假如日子还剩下
两堂课的时间

亲爱的，别伤心
我会把课间十分钟
留给你

小揪面

尝过好多好多盐
只为遇到一点甜

拐过好多好多弯
仍不喜欢走直线

赴过好多好多晚宴
偏爱一碗小揪面

看过好多好多烟火
你一直不在身边

几十年不过是瞬间
梨花白白了两岸

贵阳人

唯有笑声是不需要翻译的
此前，不认识贵阳人
听不懂贵阳话

他们提起家乡的酸汤鱼
还想尝尝东北的酸菜锅

咬一口苹果
继续上课
竟然也是酸酸的
在九月，他们又飞行一万里

爱丁堡

无法忍受各自的孤独
只好习惯长久的相处
无法忍受长久的相处
只好习惯各自的孤独

我们最后都要回到爱丁堡去
把整个八月消耗在那

我们最后都要回到尘土中去
让灵魂也隔一座山岗

最好的时光

病了以后
怎么也记不起快乐的事
偶尔啰嗦几句
似是而非，又像很明白

老了以后
开始沉默
一整天不吐一个字
有只猫就好了

死了以后
谁知道会是什么样
来生有没有
天堂远不远

所以，甭想以后
甚至明天
先熬过这个没水没电
零下四度的夜晚
用诗
用酒
及遥远的回声

青年东路

放下雨伞
放下担心
慢慢地
游荡在青年东路
雨水把梧桐洗亮

放下相机
放下寻觅
静静地
伫立在青年东路
发呆，小憩

放下背囊
放下目的

轻轻地
哼唱在青年东路
像个和尚

往上走上山
千佛山，济南的名片
往下去看泉
趵突泉，天下第一泉
往西是大明湖
往东回酒店

药水泉

午后，我出了门
道上没遇上熟人
大道向南望是山
大道向北望是山
大道向东望是山
大道向西望是山
天天如此
年年如此
开门见山
口无遮拦
白河镇，已经开始拆迁
白河镇，我还没有熟人
天黑前
我要赶到 40 里外

寻找一瓶药水

你一定好奇，我是不是病了？

药水，是一眼泉的名字

招贴画

撑一柄伞
白素贞和许仙结了姻缘
撑一柄伞
戴望舒的雨巷走不完
撑一柄伞
据说天堂已不远
撑一柄伞
那是云朵罩着江山
撑一柄伞
邀在 1896 年的海滩

她骑驴
我怎么也得配辆
绿牌

附：中国第一幅旅游广告招贴画，即1896年北戴河的《仕女骑驴图》。

小面馆

我很懊恼
没带你去将小城里的面馆吃遍
你说你爱吃面的时候
还觉得有的是机会
天天在一起，一晃几个季节
过去了

若干年后，街道上行人稀少
天色阴沉，忽然想起
本应多带你去几家面馆的

无题七小对

已经看了三个电影了
怎么还没到天明

不得不开启一瓶酒
泡到白米饭里，慢慢咀嚼

随后跟你聊天
直至困了，互道晚安

又把床头灯拧亮
翻开五十度灰

雷声隐隐，我失去一道闪电
趁机写下这句

一厢情愿的年龄过了
老得不想见你们

明天要搬到更小的房子里
且在高处

一餐饭

我俩曾是一双筷子
彼此相偎相依

如今却是一副刀叉
各自愈发独立

这没什么不好
不经意的转变

涮火锅的那家老店
招牌何时换了牛扒

步履不停

有趟航班没赶上
那上面有我的爱情
我开始仰着头
从云层里探望

有趟巴士没赶上
那上面有我的爱情
我开始追着跑
直至街口转角

有趟爱情没赶上
我对自己说
别灰心
那就等下一趟

再见南国

黑暗扑来的时刻
大地有一种惊人的沉静之美
爱情离去的瞬间
我们为什么不可以同样坦然

只要列车还再前行
只要你不中途退场
毕竟还有
隔岸的灯火照亮旅程
黎明的曙光穿过发梢

一封信

给你写信已是错了
车过黄昏
湖光水色里印着一些
山的暗影和彩霞
宁静是一种无欲

况且信封中夹了照片
有点凌乱的水面
皆是因为山的挪步
而一瓶可口可乐的投入
举世哗然了

客途

车过绥中北站
停下，等一列更快的车
树枝开始摇晃
又一列，树枝开始燃烧
绿皮车像掉漆的风箱
呆呆地愣在残阳里
直至肚子叫了
才缓缓拉动手柄
看样子今晚是挺不到篁街了
列车员，来份盒饭

繁花

每每最甜的时刻，我们起身离开
三两次，一次你要夜行回公主岭
一回是因为午后四点钟的会议
今早，听说你们拿到了种植大麻的牌照
这可是不小的突破
忽远又忽近，一朵绯色的云
带来奇异致幻般水气
侘寂深闺的小茶台，插上了一枝春天

外滩

雨滴，敲醒了教堂
喇叭声惊扰了猫的梦
临街的窗和梧桐树相顾多年
默默不响
时间是校对过的
标尺一直在心中
从海上归来
都是负罪人

故乡

云还在
亲人还在
窗前的君子兰还在
拨打她的电话
已是空白
街道上零星鞭炮声
又一春

不三的冯唐

1

星期三的早上
空姐，又换了一茬
我依旧不带行李

2

喜欢住标间
空一个床
看上去像有伴儿一样

3

一个人喝咖啡
一个人吃拌面
一个人拍晚霞

4

你别转过身
我可以把梦一直做下去
沿着六角形的方向

5

西红柿炒蛋
也会
投身一碗面的清白

6

一样的风吹过
忽而某一口，像初恋
又像春天

7

有一天
发现自己太用力的事情

都是错的，包括爱上的人

8

堂前的黄叶
无需急于清扫罢
去散散步吧

9

看好每一段爱情
及它们不好看的将来
跳广场舞的大妈也曾鲜嫩多汁

10

记忆是个奇怪的东西
有一天你会忘记情人的名字
却叫得出情敌的名字

11

利休说：我死之后，茶道式微
把夕阳和雨关在门外
煮一壶老茶

12

算计自己的里程
旅途未知，又如何计算
三月已起身

附：《不三》是冯唐首部短歌集，每一首都是三行，也称为三行体诗，出版后曾在网上引起热议。

理发店

看美人头上
袅袅春卷

可是昨日
层层卷起来的心事

轻咳一声
又涨价了

电推子仍在低空飞行
如同无人机

折子戏

我从光明处来
却落脚黑暗

我打繁花中来
却寄居荒野

我自喜宴上来
却满怀悲伤

原本是诰命夫人
却委身成妾

不要问我是否心有不甘
除生死，皆插曲
唱就罢了

慢慢才知道

慢慢才知道
城市很大，自己很小
慢慢才知道
熟人很多，知己很少
慢慢才知道
一生不长，转身就老
慢慢才知道
忙来忙去，梦不见了

彩云街

对这个世界已无企图
只是偶尔想
占有一支杯子或一口茶
回忆起某个春夜
薄荷的香气
缓缓拂过
在街头，好似还喝过甜甜的酒

有情绪的时候
一支支杯子擦拭雪亮映着
她在，温良的光影
似晚照
所有的美丽正在荒芜
茶味远去，余下一泓泉
久久不响

遥远的救世主

窗外有条江
可以270度角看她
她一直在笑
是不是有点傻？
要不就在爱中

桌上有茶
易武、班章和冰岛
从生到熟
需要十年或一刹

角落里的音响
念起古城中丁元英
于不得志处得意

青山不老
文火煮一下午时光
落木萧萧
秋阳骄骄

原谅我

原谅我，在这个多事之秋
把你删除
就像反复修改的诗
最后只空余一个窗口
高高的
小小的
偶有乌云擦来抹去
试图提醒我
从无字处读你

对不起，在这个多事之秋
将你清零
如同患上阿尔兹海默症的人
不管如何逼问

陌生的我从没来过
更无从识别写过的代码
罪与非罪
爱与不爱
终究是一粒疙瘩

那年同船

那年同船，月黑浪高
你在甲板上掏出一支烟
问我借火，风很大
你的发乱如扑面的还魂草
幽幽黏着
海底里有一束光
我不问你的名字

那年同车，穿山过桥
你从背包里拿出一个橘子
剥了皮，掰成两半
你手腕上有枚浅浅的弯月
朗朗照着
隧道中咣当咣当
你不问我的名字

少年往事

火车爬过整条黑夜
久居一则小小暗房
光是绕在右腕上的手帕
我俩交谈着
隔一排睫毛的栅栏
秋色无边无际

长空中的大雁
落下一枝笔
没人会给远方写信了
对岸的草木
已深，深到再也望不见你

姑娘

我认识一个姑娘，她是那么容易被诱惑
一会儿跟着 Rod Steward 烟囱般的嗓音私奔
一会儿又插上翅膀扑向剑桥的雨帘
还好，布考斯基没有活过 1994 年
不是那么轻易被诱惑，我认识一个姑娘
她穿制服的样子很端庄，盘起来的发辫很安静
彬彬有礼却藏着飞蛾扑火的胆量

天底下的姑娘都是好姑娘
盼望遇上她们的男子像琥珀
带有四千万年透明的暖意

聂隐娘

佯装不知他撒的小谎
依然铺就热烈的台布
夕阳轻轻坠入高脚杯的诱惑里
宛若刚打落的蛋黄
围裙比晚霞更妖娆

刀叉筷子和匙
摆在桌面上是礼遇
绾在乌发里是暗器
傍晚的风，吹皱一盅汤
他爱汤，烫的汤
解落发髻
轻唤一声六郎

周梦蝶

你总是早一步
到巴士站
她怎么早都早不过你

我一直想
你六十岁约会的这个女孩子
姓甚名谁

廿年后，我看到她
民宿般的笑语
又好像脚踏车，清脆悠扬
偏僻台北的乡下
蒲苇草在风里，年复一年

生生不息

你的苦，即是逍遥

你的气息，是她的名字

绵密如一袭蓝衫

附：周梦蝶，中国台湾诗人。2011年由陈传兴导演拍摄纪录片《化城再来人》上映，影片以诗人一日生活隐喻其一生变幻。

寺山修司

感到悲伤的时候
去看大海
一个人寂寞的时候
去看大海

感到悲伤的时候
去喝一杯
一个人寂寞的时候
去喝一杯

去看大海
去喝一杯

附：寺山修司，日本诗人、导演、评论家。

Carver

头等舱和我只差一双拖鞋的距离
我和 Carver 隔着一瓶酒
其实，这根本不是拖鞋和酒的问题
『求求你这个早上，
拉下窗帘，回到床上。
别管咖啡。假装
我们身在异国，在爱中』
江南多才子
北方多匈奴
房间里待久了，好像在暗处
去餐厅的路上，会有十七步的阳光甬道
是起床的唯一动力
也是我唯一的欣喜

玫瑰情书

——万朵玫瑰，我是深海中的一朵
万朵玫瑰，你是睡梦里的一枝

一枝玫瑰山中来
去过一个人的心海
掀开幸福的面纱
看见难掩的泪痕

一座城怎么能隔住你我
一座山怎么能隔住云烟

误把失眠读成思念
又将明月当作天涯
我们用一辈子的错过

酿就彼此的圆满

一座城空了，陌路你我

一座空山，云烟陷落

风笛

楼上的笛声常在午夜响起
是练习曲，更像安魂曲

学会去早市挑肥拣瘦
也能按时吃药

一场秋雨，肃杀了五花山
我的头顶飘起雪来

铺开信纸不知怎么落笔
涂下的句子如云中隐语

摸不到你就是远
看不着你就是病了

生日

你们不要给我礼物
从雪山到夏天的路太远

你们不要给我祝福
留给那些不常见的亲人

你们不要给我爱
闪念过后，继续埋头刷厨房里的碗

你们不要给我期许
那样的话，今夜又会失眠

你们应该学会删除我
如同我从没来过

白云一朵朵
忆不起哪一朵是童年
我将，搭乘春天的绿皮火车
一个小站，又一个小站

孚王府的猫

游荡在大城市的小巷里
一部分人已将我遗忘
另一部分又常常把我记起
愿望不过是与老友一道
吃顿鱼头泡饼
鱼贯而入的女食客
她们个个像红柳一样细高
又有着牛奶的白腻
作为猫，已失去捕捉的热情
懒是厌倦的缘故
槐是比外祖母还要老的树
清晨踏上露台眺望白塔
有一些的可能接近美而不抵达

那些年

慧新北街口公园的午后
老孙迷上一局棋

年龄这枚过了河的卒子
回望已没有意义

想疏离又贴近
彼此挣扎在格子里

得失一念间，夕阳照千年
不如跳出来，共赴一场喜宴

夏天

想念那个有你的夏天
平静的小溪涨满了水
芒草显得慌乱
空寂多年的树洞突然塞满了渴望

余生工整，叫上一壶
芒果乌龙或白桃乌龙
突然跟你说了很多话
突然有很多话跟你说

女人

你是饱满而多汁的蓝莓
你是凝滑又沁凉的羊脂玉
你是小小的汪洋中的国
你是密封好了的纷纷情欲

深海里挣扎，深谷里迷路
深过腰身的草原里不知所从
深空里摇曳，深夜里浅醉
深不见底的古井里坠落
深宅里叹息，深情里生死
深雪春寒的三月里绽放
而后再现，俗世的无聊安稳

一只松鼠

跳跃在街区公园的雪松间
孩子们长大成人

听雨

少年哪有心思听雨
只知跟雨嬉戏

中年哪有工夫听雨
只怕误了班机

老年哪有听力听雨
这辈子的风雨悬在吊瓶里
护士小姐不来
只能默数点滴

听过雨的人，才算活过
楼上
舟中

庐下
阶前
我是一滴雨
穿过人间

附：少年听雨歌楼上，红烛昏罗帐。壮年听雨客舟中，江阔云低，断雁叫西风。而今听雨僧庐下，鬓已星星也。悲欢离合总无情，一任阶前，点滴到天明。出自宋代蒋捷《虞美人·听雨》。

T3

我用两个小时观赏这些鱼
它们一定是热带的，千万尾聚合物
炫丽着这个巨大的玻璃缸
旅行团，随着三角旗游动，如同鲸
一对情侣，亲昵地自拍
孤独的僧人，提着LV
忽然有个姑娘急切地打起手语
嘴巴一张一合，像缺氧
只见橙色的管理员，弹珠般滚落
胖头鱼跳起来撞翻顶端的一排排竹竿
砸下来，溅湿了表盘
指针如唱针回到四月的最后一天

单一旅程

我想要一个靠窗的座位
最好是F，A也行
我想把头轻轻地抵住玻璃
看看傍晚的田野，杀过一片片青
落日已经无可挽回了
偶有灯火亮起

G字头的车如果再快些
几乎能屏蔽掉我所有的中年
目的地越远越好
或者无，这样一直不停坐下去
坐下去，我可以打个盹
成为黑夜的一小部分

谷雨

北京的气温低了两度
你的体温会不会也低下两度
今日谷雨，将远行
空客不飞，只是习惯性延误
春。至此近尾声

偶尔谈起诗，就是不好好说话
偶尔想起他，去了宁夏
宁静的宁
夏天的夏

枕水巷

都说你晨曦中最美
原谅我的懒，只能在傍晚遇见你
在你眼里，我是过客
再多的深情也留不住
在我心头，你是回忆
这辈子可以无憾离去

把世上的好都留在世间吧
因为惦记比得到更加绵长

雪绒巷

这世上，除了时间
还有什么比文字更长久
我要送一首诗给你

这世上，除了遇见
还有什么比重逢更喜悦
我要将一生情给你

碰到对的人，不需要下酒菜
逗留，这世上
只为一杯酒
一首诗
一个你

森山大道

由于一段话
网购了一本书，翻完整本书
也没发现那段话
望着窗外的雪
轻轻落下

由于一道菜
喜欢上一家餐厅
餐厅还在，菜却不见了
看着街上的雪
悄悄耳语

由于一个人
觉到了爱，消失前

不打算靠近它
雪花中相视一笑
黄昏里不告而别

附：森山大道，日本摄影师。

永恒

原以为
这些都是永恒的
一首诗
或一枝花

从某个时刻起
文字删除了
花亦枯萎

什么是永恒的
诗读过
花香过

打牌

我的手头已找不到一片纸
只有把这些废话写到杂志边上
幸好，它们堆满了桌子
终究还是要感谢你
为我留白

楼上晒衣
楼下喝酒
的日子

如此迷人又如此遥远

1999

槐树颀长，少女在风中摇曳
原以为遗失的，只是隐藏

从喧闹到僻静
轻轻转一个弯

活了这么久，仅仅为回忆几个字
澳门回归那天，沈阳雪大

孩子们需要旅行
呆在房子里的是书和酒

致青春

旧梦是不能重温的
旧诗可以
谁又愿把一个个梦
换作一首首诗

青衫浸湿了青山
犹如放学路上
侧过脸很努力地张望着54路
铁轨旁，荒草漫过苍绿

沈小婕

——我爬上全世界的屋顶，
带着全部的清醒和一只酒瓶。

今天晚上风很大
枝叶夹杂喧哗，谈论远方的集会
她们很年轻在三十年前

光滑的脚踝如月色
踏着暗影的台阶上，比猫机警
一步三回头

此刻，就是三十年前啊
失身酒在这里，夺命酒在这里
当夏夜切开第一只西瓜

露天电影

那是谁在黑夜里提着灯盏
远远地移来
像个古怪的精灵
只有我知道，她在寻找另一个她

高楼外的风，忽明忽暗
几只手电筒发出横七竖八的光
仿佛坐在宽大的银幕后面
看一场默片

路，被清除了
我们只能走在幽蓝的天上
装满星星的杯子
叮当叮当

她们

她们有很多名字：格桑花，波斯菊，扫帚梅
她们和我一样在秋风里挤上第一辆电车
从郊外一直涌进城里，她们喧哗，更多时耳语
她们的腿又长又直
她们的鞋子还沾取雨天一点点泥土
她们的嘴角闪过微绯的笑容
此刻，阳光像烈酒，四四方方

格桑花，波斯菊，扫帚梅，有很多名字
她们因陌生而美丽着

轻轨三号线

天桥下，有时空旷，有时像炸开的向日葵
纷纷扬扬，去年，其实不止是去年，应该更久一点呢
粉白的桃花，从头顶掠过，一枝绿叶子的箭
虚无。这一刻开始，瓜子皮堆积如雪

濛江之夜

落日勾勒着长长的唇线等待最黑暗的吻
窗外灯火点点如一连串的省略号
餐盘里的穿心莲不管不顾地恣意蔓延
蓝莓滴落在山药上像一颗泪珠
酸奶中有蜜盘旋丝丝惆怅
全麦面包里藏着核桃肉让人欲罢不能
功夫汤溅出一朵花窜上衣襟
风是采花贼，偷偷留下种
一愣神的瞬间，突然问自己怎么会在这里
吃得很好，睡得也很好

疗养院

年轻时靠恋爱打发时光
年老时靠咳嗽
掌心里各类药片
好似糖果
依赖和欢喜
超过一桌子酒肉
说明书上的字儿小得像密码
全不顾你是不是眼花
反复咀嚼着
堪比月光下的情话
天黑得越来越早
秋风扫走往事
不留名姓

梦见你

梦见你
你是人类的 80%
吃吃喝喝
嘻嘻哈哈

你 show 漂染着的短发
熬夜后眼袋
跟另一个争吵的痕迹
及啤酒瓶疯长出来的花儿
甜甜的腻死人的慕斯
眨眼间，治愈一整街悲伤
两个人短暂的
不可原谅
生活在延续

手腕上的饰物
向海里的鳞片
摇晃着我
闪闪发光

梦见你
你是人类的 80%
我也是

啧啧

一想到一生中还没有亲过你
梨花便落满了四环
一想到四环
又觉生无可恋

白云卷起了浪花
天空褪成海
率领一支小小队伍以蛙泳的姿势靠近你
夏天，就这么完了

收集

沙滩收集贝壳
浪花收集漂泊
云收集海
风收集奔波

啤酒收集夜色
醉意收集渔火
船收集橹
岛收集过客

我拎起一只瓶子
只收集你
这易碎的一切

美人松

行程再紧
也给自己留一杯咖啡的时间
明日离去
才醒悟四季都过去这么久了

你安静地看着我
从第一天起
雪山似云涌，映嵌窗前
天空可以再蓝一些

很遗憾，桥餐厅还未去过
除了美我们什么都不要
长白山的火山三百年喷发一次
美人松只待在北纬42°

抚顺老城

浑河上的桥有几座
白茫茫
看不清

雪地上的煤渣
原来是乌鸦

想点一支烟
驱赶寒气
望花区不在铁西区

墙里门外
零下跟零上
几无温差

浑南

去年去的时候
湖面上有冰
未见溜冰的人
汝瓷悄悄开片

今年来的时候
湖面上挤满了荷叶
没看着荷花
溜达一个晌午

茶啊冲

斯大林大街5岁的时候
宽阔的像条无法游到对岸的河
对岸有所大学
父亲比我年轻

50岁的时候，人民大街
终于窄了，一抬脚就迈了过去
对面的南湖不再肃穆
小阳台上，老郭和我喝着下午茶

附：茶啊冲，满语，意为长春。1996年，长春市沿用40余年的斯大林大街改名为人民大街。

留下与古荡

在天目山路上
还不知道天目山在哪
爱在哪在哪吧
反正也不是去爬山

一直惦记着留下
可又谁能留下呢
我们一起古荡吧
管他天堂不天堂

附：留下镇，属于杭州市郊的一座古镇，原名西溪，与古荡镇相邻。《钱塘县志》中曾有『西溪且留下』的记载。

长岛

生活是海洋，永远辽阔
可以眺望
却无法身陷其中
哪怕是闪念

日子是冲到岸上的
绿藻、贝壳、小螃蟹
及一切可能之物
早餐后的早安

安仁古镇

半个下午
照历史的镜子
百面千面万面
你和我匆匆一面
谁也没留意谁
就这么上桥下车
穿闹市过人间寂寞

我跟你有照面
止步于黄桷树

海宁之夜

沙沙沙
秋风扫过屋顶
也扫过我的梦境
颗粒饱满

沙沙沙
雨刷器扫过夜色
也扫过挣扎
水洼明亮

漫江镇

傍晚的雪花是快乐的
缠绕着霓虹般的小镇
傍晚的我也一样
不搭车，不待在旅馆里
抖落一片片身体的小盔甲
亲近，亲近
温柔又不确定的窗口

戛纳酒店的香皂

离开时
忍不住把剩余的一小块琥珀放入背包的夹层里
带上飞机
三万英尺高空
洗了澡的云
是不是偷用了我的
连空姐也是湿漉漉的

小团圆

可以是素颜
也愿意全妆
跟着命运舞蹈，撕扯，飘荡
比山中的雪花安静
比海上的浪花响
可以是孤寂
也愿意欢喜

一天一年，一年一天
时间无意义
见与不见你

日子

夏多布里昂说
日子是越过越冷的
正如案头这瓶所剩无几的酒
我从未动过又怎样

眼看一年将尽
一生将尽
该挥霍时
愿你不要手软
该挥发的
不要心疼

雪人

整整一天
嬉戏的你们堆一个雪人

整整一天
我是那个雪人的替身

等风来

等了一整天台风
没来
有些失落
原指望能掀翻点什么
哪怕一杯茶
或是操场上的
篮球架

冬日

——冬至君不至，梅开酒未开
此生无可恋，犹忆去年雪

一进到山里
就有了读书的时间
或是心情

早上的雪片
像挨家挨户的栅板
一扇扇落下

姑娘们等不及了
裸身试婚纱

停，在空白处
起身
麻雀似逗点
不见了

路过的
一只白狐探出头
要花。要酒？

岁尾

红松梅是有名字的
你也有
我知道红松梅名字叫红松梅
贺卡上风雪交加
我躲在厨房深处

万龙笔是有名字的
你也有
我知道万龙笔名字叫万龙笔
圣诞夜白雪纷飞
她宅在客厅一角

月亮的颜色

今晚
长沙的月亮
是红色的
十八站的月亮
是黄色的
阿拉木图的月亮
是银色的
隔着一个海，问我
月亮的颜色

真想说，是思乡的颜色
头顶上的乌云
让我沉默

瘾

喝酒上瘾
抽烟上瘾
打牌上瘾
认识你，方知道
半马也上瘾
上瘾
一起的日子

戒了
烟和酒，也戒一餐晚宴
贪与恋，也戒一朝执念
戒后余生，是万丈光
照大千世界

再没什么上瘾的啦
一场秋雨一场寒
上普洱

为了告别的聚会

四十年
踩着秒针过来的

喝酒喝酒
哪儿那么多废话
谁没有故事
谁没有血泪
前戏太长
夜有千磅
我们碰到一起

半腔热血
渐渐冷了
一杆斜阳

由浓转淡

唱支歌吧
把碗碟敲得山响
像十八一样
陌上杏花香

本杰明·巴顿奇事

抬头看见大雪纷飞
低头黛西俯身在泳池边哭泣

你生在 1918 年，49 岁
我 43 岁，算是同龄人
在人生的中点相遇
正合适
大地雾霭沉沉，三小时

想见，飞过去就见
爱吃，一样样做给你吃
终归等到了返老还童这一天
雪花，遇上梅花

晚安，黛西

晚安，本杰明

附：《本杰明·巴顿奇事》，美国电影，又译《返老还童》，由凯特·布兰切特主演。

GS7905

她说她的飞机很小，
只有三排座。
关机前，转给他一个链接：
被人爱着，真好啊！

春天水洼中蓝与白
他健步跨过

一颗悬在空中的水珠
晃了晃
安心地落下
而不是被风吹走

情人节

嘴唇上的泡破了
浸透了一片雪白的化妆棉
有意识地在吃
还是流血，结痂重复着
唉，太罪恶了
真不能打扰你了
晚安。
一晚上要说多少次晚安
都晚安不了，
刚刚吃下两个小橘子
好甜哦！

七夕

我抄几首旧诗
你裁几件新衣
探问牛郎织女
相会何待七夕

鸿雁南飞成行
秋风北上渐凉
万物皆有定数
莫作太多思量

人间失格

他清瘦，始终望向窗外
她细高，一直盯着手机
他们鼻梁挺直，一路上无话
一路上，从早稻田到午餐

列车员验票时
她从手机套封中
抽出两张车票

附：《人间失格》，日本小说家太宰治的作品。

煲仔饭

我说，米饭很香
你说，是腊肠

哈仙岛

口袋里的鱼要游回海洋
我想用它来做鱼酱
鱼酱有些咸，又盛了碗米饭
去游泳的路上，那些鱼
算不算回到了海洋

榴莲，榴莲

不是那么喜欢吃榴莲
只是喜欢送榴莲的人而已

其实也不是那么喜欢你
只是喜欢你送的榴莲

榴莲和你，有好远一段距离
吃榴莲的时候，仿佛吃你

八月

池塘涨了再涨
荷花败了又开

一支红色皮筏艇
像火箭，指令传输中

八月过得很满
八月过得很慢

西站

出门送走她的时候
几个雨点打在脸上
突然又收住了

回来时
一阵风卷起我的帽子
天黑了大半

鸽子

沿泰晤士河走三趟
对，走三趟，眺望对岸时
鸽子像个肥胖的绅士
咕咕地介绍英国史
拐进餐馆，它也昂首挺胸跟了进来
如同熟客热情讲解着 Fish & Chips

我的故乡东北
小伙伴们正热情地剥开锡纸
伊通烧鸽子

米兰之恋

我俯瞰你的城市
尽是一排排晚霞的屋顶
稠密如江河
偶有几处高高在上的建筑
你说，是教堂

你来到我的故乡
看到直冲云霄的烟囱
一根接一根
沉默了许久
我说，这也是信仰

喜宴

酒，憋闷得太久
渴望着杯子
杯子白净，此刻正期待唇彩
轻轻印上
脸颊酡红得像个囍字
亲一口吧，你将幸福
再来一口
我会迷糊

便当

十点钟肚子会叫
像布谷
像田鸡
像潜水三千尺
一串泡泡
像滚滚闷雷
像囚禁的嗝

我的便当
在路上

备忘录

我们总要找到与这个世界握手言欢的方式
哪怕酒是糟的
诗是烂的
醉两个时辰天就亮了
敲几行字
你就是我的

梦

你在我眼里
从下一刻起
将变成一株植物
怕不怕

你笑
僵尸多好啊

这时
室外雷声大作

我起身
碰翻
一株绿萝

鹿儿岛

你
十年之中
路过
我的城市
好几次
却执意不联系
就因为
自己
胖三斤

做菜

四月天，阴晴不定
像只猫
想鼓捣点什么
在厨房里
翻来覆去捉弄一条鱼
她极不情愿
他举着 Air 2
试图用舌头翻页

米酒

中午
喝了一小坛米酒
脸
一直红
一直红
比落日还好看
就像
几天前
第一次

归来

用拐杖
一下一下
将梦境
敲碎
像精美的瓷器
坠入
深井

壮志在我心

你不需归来
因为从来就没有家园
你唯有远行
去寻找下一个驿站
苦与痛都在路上
像闪电
劈开黑暗，又耽于黑暗
像火山
瞬间喷发，遂沉寂千年
你生，就注定孤单
你活，就必须受难

金刚经

你出生，就会死亡
你爱上，就会失望
你追寻，就会迷茫
可你，照旧是风情万种的真汉子
可你，依然是飞蛾扑火的软妹子
你懂得，终会无常
你睡过，才会遗忘
你阅后，仍会荒凉

安德里北街

他们在地铁上相遇
如此贴近又熟悉的
她的气息是春草的
他们在地铁上相遇
如此疲惫且冷漠的
他的眼圈是黑暗的

春草在车厢里弥漫
黑暗在弥漫中闪烁
地铁出口处风好大
他头也不回走A口
她乘扶梯出了C口
又混杂在一条夜里

深夜食堂

你不会发出邀请
我也不会
两个孤独的人
埋头猪油饭

目送你走上天桥
像个陌生的恋人
我爱上这夜晚
因恋人还很陌生

苏州河

如果你仍身处黑暗
请不要慌张
命运已将一切安排妥当
我们只需轻弹月光

如果你还心有余悸
请低声哼唱
命运已将一切安排妥当
谁家船上煨好了汤

光阴的故事

冬雨里的一抹轻尘
我们都不要沉沦
什么是境遇？
不好时
怀念
好了，就相见
彼此的苦与痛
闷与烦
自己消遣
一年一年

把喜和乐
歌或酒
留在某一天

新年钟声

此刻，你能读到这首诗
我就是幸福的
无论是你的早晨，还是我的黄昏
不管昨日有多疲惫明日有多迷茫
哪怕四季已不分明
哪怕一生已不干净

你莫名来到我这里
我正感受着你到来的欢愉
这时，你要是叫出声来
你一定要叫出声来
我们的幸福就会加倍
请千万不要捂住耳朵

礼物

屋顶上的
烟囱是外祖母的棒针
起风时
织灰色的围巾
比东北小镇上的冬季要长
风停了
勾一抹少年的孤愁

云朵离开故乡叫霾
河流离开故乡成海

有个火柴盒我一直带着
十二岁离家时的礼物
还有一支迎春
不带咀的

青春梦

我有一个本子
上面抄满了诗句
用蓝的墨水
黑的墨水
有时规整如蜡纸
有时潦草如海浪

我有一个本子
硬壳的本子
苔藓绿的封皮
像厚厚的石头记
夏天枕在脑袋下做梦
冬夜就一直搂着

我有一个本子
裁纸刀将它剜成空匣子
里面装着
昨日的骨灰
打开，是暴风雪

立春

牛排七分熟
将一壶酒浇在键盘上
跟长夜对仗
字字规矩句句汪洋
恰似老克勒
有嚼头

山中的腊肉呀
尽管离江南还很远
写信的人，墨水是鸵鸟牌的
钢笔一定得用派克
换行间
梅花开了

今日最宜春饼

一层层卷起来的美味

队伍排到黄昏外

转身叫了份

鳕鱼堡

潮白河

过了桥
就到了对岸
对岸的春天要早一些
早一些粉
早一些白
早一些嬉戏
飞机不过是小小的风筝
牵着孩子们跑

过了桥，前方是墓园
我们在此读诗，或停下来休整
喝一点酒
再带上一点酒
去人间采花

雀斑

更喜欢你卸了妆的样子
有几个雀斑
像山中雪地上的布谷鸟
啄入嘴边的米粒
浅浅的
淡淡的
这个拒人千里的冷酷世界
突然生动起来

真有些后悔了
或许我俩不该挣命似地
搬到城里

贝拉安娜

旅行箱落满灰尘
咖啡机锈迹斑驳
矿泉水瓶子横躺竖卧
报纸堆积如山

窗口深处是凝固的鸟群
衣架上吊着干瘪的鱼
碟子犹如黑胶
电源线已不明去向

毯子被书籍压榨
与茶叶一起散发出老祖母的气息
屋子湿薄阴冷
像十三月的南方

半缕夕照，坐在单人沙发上
翻开厚重的墨绿色笔记
刹那间，贝拉安娜
一束束盛满了墓地

悲情城市

我的心像油漆泼在地板上
留下凌乱和挣扎

我的耳朵摘下
叠好，放入樟木箱中
寂然的角落

我的眼睛闭着和睁开同样是傲慢的空
我足不出户已浪迹了天涯
我的手还未伸出却与你握在一处

我的气息绵延至南北朝
没有谁能捕捉
他们从早到晚塞在三环与四环之间

我的记忆是窗花
在即将扑来的春天融化
再没有什么了
除了整夜的咳
天气预报说，明天有雨
那是我下过的注

鱼肚白

我们总是在深夜
借以酒瓶，撞击幽暗
那是探不到底的

我们总是在深夜
愣住，和自己面面相觑
竟怎么也不敢相认

我们总是在深夜
把白日梦打碎，再拼贴
接着又悬在半空

我们总是在深夜
企图搭讪，另一个你

天亮前逃之夭夭

我们总是在深夜
辗转，原来灵魂比肉体
更需要相逢

我们总是在深夜
翻开冰箱，从纠结到坦然
吞下一节节节食的誓言

四月十五夜的雨

东交民巷的雨
像王羲之的狂草
天一团地一团
团团围住

东交民巷的雨
像八大山人的画
浓一笔淡一笔
笔笔勾魂

东交民巷的雨
像华兹华斯的诗
左一波右一波
一波比一波美

东交民巷的雨
像高梨康治的曲子
急一会缓一会
一夜了还不停歇

东交民巷的雨
是飞扬的黑亮马鬃
东交民巷的雨
是凌乱的长发姑娘

东交民巷的雨
百年前款款动情如你
东交民巷的雨
天晴后唤我迢迢诗行

G7

我并没有爱上你
在众声喧哗之间
只是想跟你耳语几句

我并没有爱上你
在觥筹交错之间
只是想轻捏你的手臂

我并没有爱上你
夜晚等车的空当
想一起看看头顶星光

我并没有爱上你
四月一号微信上

信口说两句爱你爱你

我并没有爱上你
当高铁离开北京
玉兰花吹落了满地

旧时光

旧里面有青梅煮的酒
旧里面有古树的苍翠
旧里面有斑驳的女墙剥落的朱漆
旧里面有巷子深深深几许
黄昏又细雨扣打兽环

旧里面有青石铺的街
旧里面有拓片的祖训
旧里面有祠堂的微尘墓园的秋草
旧里面有山水迢迢离愁上层楼
把栏杆轻拍落日褪尽

旧里面有青鸟衔的信
旧里面有思春的滋味

旧里面有唐宋的撩人月色
旧里面有风雅颂的幽兰香
旧里面有的，绝了断了废了忘了
且将那可乐慢慢饮了

蓝

心，也可以是蓝色的
因为它曾经是辽阔的海
心也可以是蓝色的
因为它比红色更冷静

心，也可以是蓝色的
你看青山多妩媚
心也可以是蓝色的
那是你襟前的勿忘我

心，也可以是蓝色的
中年常常出现的早搏
心也可以是蓝色的
悄悄服下一粒 Viagra

心，终极还是蓝色的
像一颗星重归轨道
像一扇门不再上锁
某个清晨，圆珠笔轻轻勾过

奈河桥

我的文字开始发霉
我的句子夹在过道里喘息
我的诗在黑暗中看不见光亮
我在一顿晚餐上苍老
牙齿不再锋利，只能吞咽
过去或过不去的梗
对于你
桃花或溪水
丁香和设想
鸟巢与隐秘
伞中的雨
雨中的伞
原谅我无暇顾及
我不在春风里

我不是我自己
我花费整个白天用积木搭一座桥
以至于走过的人们
纷纷落入水中

你

是读睡前的灯
是墙壁上滴答答流水的钟摆
是光影中略显荒芜的脸
是烤焦了的面包圈
是烫嘴的咖啡
是静静待在角落里的伞
是街上跑着的计程车
是红灯绿灯
是木偶是守卫
是电话的另一端
是梳妆台留下的钥匙
是不用祷告即可进入的修道院
是墙角那朵单色的花
是藏在心底第一版的少年

是邻家女孩熨妥的白衬衫
是午餐时说早安的人
是礼拜七不是礼拜一
是时光的删改
是洗不白的黑夜
是凌晨两点空荡荡的酒瓶
是半根缭绕的烟
是声色犬马地活着是体面地死去
是哲学更是扯淡
是窒息在喉咙深处的尖叫
是一曲不插电的回响
是爱的现场版

妖怪

——妖怪无处不在
我却败下阵来
妖怪无处不在
看见美好将来

你像妖怪现身
闪在院子里一棵黑松的松针上
跳来跳去不可捕捉
松针有千万
你亦有千万

你像妖怪现身
贴在早餐牛奶中凝结的冰皮上
即将融化了的三月的湖

透明有温热
你亦有温热

你像妖怪现身
喝过一口茶摸黑走过小巷
甜甜的味道还在，静坐沙发上
月亮有几个
你亦有几个

你像妖怪现身
洗过仍未吹干的云朵里
湿漉漉的江南啊，杏花三两枝
细雨有春意
你亦有春意

恋恋风尘

三和狗肉太文艺了
不如老金太太
自由大路于是拐向南崴子
我们雀跃

中途有一段是临河街
在电梯里
竟那么几秒空白
忘记按下
叹息很长很长

夕阳爬上梯子
上万只喜鹊宿营白桦林中
从最高处眺望

木头房子缓缓穿过一百年的云烟
等待这个幽静午后

几只活蹦乱跳的兔子
在春天里
捡拾秋天的果实

寻梦记

金子般的梦想，总在海的那一边
高高的天空下是红瓦白墙沿途蜿蜒而上的斑驳老洋房
玉兰花，依次绽放在古旧的庭院里
假如，我是只呢喃的燕子，飞越了所有想象中的秀丽江山
最后落足在你的屋檐上
你还会用留过洋的口吻诘问我：
我们的日子
终究是被收藏了，还是遗失了？
名古屋的樱花会比黑石礁开得绚烂
鱼，游入日本海便不再回来
坐在操场上吹笛子的女生
额前的刘海遮住了青山也遮住了雨后的夕阳
临别的早上，送一双竹叶青筷子
那时还没有千与千寻只有年少的远方

流不尽的春水，整夜整夜的不眠
太多的重已失去分量

此去经年，季节依旧
早已习惯了西餐桌上的左手拿叉右手刀
懒散在白桦林的秋风里
手边是寂静的辛波丝卡
梅花开了，桂花落了，江南已过了采红菱的季节
你从韩国转机归来
原本流利的国语有了些生硬
聚集在一家向阳的咖啡馆
古木参天，春意阑珊
温酒会友，笑浅言深
有点贪婪，有点执念
是爱国还是思乡？是寂寥也是歌唱
可惜了雪花，小牛肉烧焦了也不知道

白驹过隙般的人生

记得，就是活过

从此，擦肩而过的每一场相逢不再是永远

我要写一首诗给你

我要写一首诗给你
从风雪的傍晚开始
小酒馆门廊挂着一盏灯笼
蒙着多年的尘与寂寥
许多旧事都等待发生
可并不急迫就像停靠站的绿皮火车
它会来，也会离开
曾经多么自命不凡
渐渐发觉
命运早已谱好了曲子
我们只是来重抄一遍
酒杯碎与不碎
绝无悬念
过了今晚又是新年

心底里还是藏着暖
巷子深处炒瓜子的老头抄着手
不吆喝
他认得我
我要写一首诗给你
在醒来的梦里结束

雪

3月16日一场雪
粉刷了我的木屋及门前的小路
远处的长白山
眺望起来像吴冠中的画
干干净净
用整个午后的时光
清理半生的积蓄
竟是一些堆起来的诗句和书籍
半不堪半破旧
还有几只杯子空着
酒壶早已不见了
对饮过的人丢得七零八落
一如功名

傍晚时分悄悄停下
炉火熄了，又点燃
煮一碗牛肉汤饭
加半块豆腐，趁热入口
不要酒
寒夜慢慢褪尽
星空渐渐疏朗
斗室寂静，闻不见春的叫声
只能遥想江南的你
怎样一寸一寸绽放在烟雨中

什么是爱情？

在这个午夜
我们谈起了爱情
你说有时相信
有时不信

假如是两个人彼此催眠
谁能够永远长睡？
只有传说中的烈士
我们终归要醒来
讨生活过日子

如果是一场重感冒
你和我的免疫能力几乎全军覆没
持续高烧，再高烧

可还是会退下来
哪怕不打针不吃药

爱情在你心里一定还有很多比喻
像抽疯，像草寇，像一句玩笑
有时不可一世
有时不堪一击

别仰望星空了，那只是一堆石子
我们需要燃起一支小小的火把
把夜晚和自己照亮

深秋

我也为你睡不着觉了
忽然想起几个季节前的秋天
铺满黄叶的山谷里
我们捡拾菠萝样的松塔
及青绿的核桃
所有的袋子都装满了
若不是向导
肯定会因过于贪图而迷路
步履有些趔趄
树枝折为拐杖
走累了
在上百年的树下野餐
吃着吃着
越发冷了

一滴水凉沁沁击在后颈上
不是雨不是露
只知从天上来

山中有鬼

从今早的飞雪中
我听到鬼在哭
一声长一声短
一声有一声无
一声比一声哀怨
一声比一声凄厉
扑打我窗户
她难道知道我的使命
从今夜的冷风里
我听到鬼在叫
六月飞雪，必有冤情
五月呢？谁能解释
一个说，你听到的不是鬼哭，是狼嚎
一个说，你听到的不是鬼哭，是风吼

一个说，你听到的不是鬼哭，是松啸
你们怕吗？我说
鬼的前身就是人
鬼的来世仍是人
鬼，曾是我们的亲友
鬼，将是迟早的你我
砰，茶杯翻在地上
鬼，是想讨口热水吗？
其实我也和你一样冷
一样空
一样孤寂
在山里在夜里在雪里
不哭了，我们走
我带你
离开这个星球

离别十六行

我多么希望你拥吻的那个人是我
我知道她不是我
天一黑，你就要远走高飞
身后是万家灯火

我多么希望你饮尽的那杯酒是我
我知道它不是我
眼眶里滚动的江河
缓缓流过别后的夜色

我多么希望你随身的那件行李是我
我知道那不是我
今晚的乌云遮不住幸福的航线
眷恋像一层又一层包裹

我多么希望你投身的那个国度是我
我知道他不是我
此生你若灿烂如花
我会沉默如一条星河

山居

秋一来，就想你们了
雨碎碎地下
天冷了，就抱着自己取暖
把书当成劈柴
用你绵长的信引火
直至耳红心热

雪一来，就想你们了
夜寸寸地长
睡不着，就拽着自己聊天
把茶当成佳酿
用你许过的愿下酒
直至醉生梦死

我一生怀才不遇
还是遇上了你
你不来，四季再没有春夏
流浪再没有天涯

注：原题《无题十六行》

钢琴课

不要问我右臂的故事
只需聆听左手的弹唱
倘若走神
莫非是头顶的云絮
吸引了你的视线
比今夜还漆黑的发
是怎样由冲冠一怒的硬到随风而散的软
时光的阴影将我笔直的背
生生地拉成一张弓
箭，是没有的
骨气或许有
骨头却变为易碎品
不归隐，去哪里
再来再来奏一曲钢的琴

见南山悠然
见南子亦悠然

约会

已经多少时日不再与你约会
估计今生都不能再与你约会
你如那南飞的燕子途中中了埋伏
从此下落不明
北上的秋夜非常非常凉了
山里的春日又特别特别迟
既不宜疗伤更不宜静养
漫长漫长的冬季不是谁都可以捱到天明
会冻僵会抑郁会绝望会无疾而终
会被暴风雪掩埋而后又裸露为一尊路标
他们都不相信我能活下来
且伴一盏孤灯写完半世情歌
甚至有时自己都怀疑
究竟是死了抑或是重生

后来我发现，被子盖得愈厚
依然是冷冷的清醒
索性不愠不火不言不语
回忆啊，想念啊，什么样子的夏天
哦，原来日子过得百无聊赖时
恰是距离最近的幸福

单衣过冬

总要有一些东西的
比如面包和豆腐
及一杯热水的温度
还有酱好了的小土豆
看上去像妈妈拿手的油炸丸子
最好再备副刀叉
没有，也没所谓了
反正随身带一双筷子
还需要盘子和锅
烤手的火
能有个半导体更好不过
可以调至某个频道
听一首老歌

大雪封山
知此时不会有人造访
还是想拿扫帚清一清屋顶的雪
好让早起的旅人看见
家不远了

偶尔也有些
老年人时好时坏的脾气
若隐若无的期许
而你一直都是那个穿貂皮的女人
寒夜里将我裹挟

春天的黄手帕

已习惯隐匿自己的嗓音
像早年乡下冬日的乌鸦
躲在屋檐和枯枝上
自知被厌恶，尽量不发声
以至于当我开口说爱你的时候
觉得自己是个骗子
其实，你完全可以跳过
如同早班路上轻轻跳过一处水洼
恍惚间终究发生了什么
只记得头顶上那一朵云的倒影太过妖娆
昨天新裙子的尺度太过限制
一辆车的急刹太过刺耳
还夹杂着郊外马场上马粪的味道
鸟叫是听不到的

仅仅八分之一秒走神
旁观的人层层叠叠
四月第三个周末
远远看见你在二楼的阳台上
挥舞着一方黄手帕
路过广场时我故意将鸭舌帽向右拽了拽
装作很酷的样子

美国杯子

我有个 STARBUCKS 杯子
笨拙　粗壮　沉甸甸
有时候沏茶
有时候冲咖啡
有时候调两匙椴树蜜
有时候就是白开水
有时候泡面
偶尔也当过镇纸
插过水仙花
昨晚上接了满满一下子啤酒
冒着金黄色的泡沫
这还远远不够
今早大雨时伸出窗外叮叮咚咚
仿佛一件古老的乐器

好听极了
更逗趣的是刚才一个姑娘失恋了
跑过来，她还没来得及哭诉
杯子已经递到脸前
我说，等眼泪装满了你再开口
她骂了句混蛋，就笑了
对啦，我还用它摇骰子
赢过只兔子
这个地道的美国货
我喜欢它
有一天完成了使命又没实现愿望
STARBUCKS 会派上大用场

万寿寺

修缮得跟真的一样
仅仅朱红油漆未干
道场里满是黑压压的安保
和一条腿的人
接下来顶着华盖的僧侣鱼贯而入
大人物习惯挺到最后登场
围观的善男信女拥在栅栏外高举转运珠等待开光
忽听见，我在大圆球下
香炉刹那间七窍生烟，呛死你丫的
国歌奏响，天渐渐晴了
惠我无疆
善哉善哉
一轮明镜光照世人
一枝瘦笔点石成金

众生随声附和
——开！
桥头有人放生
河边有人垂钓
一直纠结长老的红袈裟与司仪的红旗袍
是不是裁自同一块红布
真爱，究竟是选择放手还是死守
阿弥陀佛
罪过罪过
今日起大欢喜
不贪不嗔不痴
不执着

附：长春万寿寺，始建嘉庆，重建于今（2014年9月），与北京万寿寺同名。

复活节

趁着夜色你打白马寺赶来
我悄悄从坟墓里
抽回脚丫
却丢落了那只水晶鞋
转过头望望
你已在月光下燃起篝火
松枝劈劈啪啪
三两颗火星窜上我的裙摆你的胸膛
搪瓷缸里煮着孟婆汤
薰衣草缱绻慵懒
凉风中格雷斯教堂的钟声缓缓荡过遥远的桥
趁着火光，你眯着眼铺开皱巴巴的草纸
烟灰坠落如水银
爱情此时像个不知所措的瘟神

从天而降
第三者惟有死去
原谅我躲闪不及撞上你
其实，我
来是寻找一枚叫张枣的镜子
看看在五月
是否有梅花落在后海

平安夜

午夜敲门的不是玫瑰花
不是热情的男人
也不是旧金山跟回来的魂灵
零点零分零秒
众神的马车从天边赶来
高高低低的分贝碾成了细雪
轻轻漫过七楼
在窗玻璃上
留下，留下一句祝福
隔壁传来朗读者的声音
只有他们得到了上帝的偏爱
此刻，我正心无旁骛地鼓捣一客意大利面
光着腿扎条妈妈的围裙
番茄酱是少不了的，牛肉或猪肉

拿起又放下
猜测着你的口味
知道你是一个没有行李的人
过了今晚
不知前路有什么在等
你枯坐
枯坐于灯红酒绿之外
千山万水之外
我发梢上坠落一滴水珠
会不会让你在五月发芽

林芝

早上和我一起醒来的
还有一个叫林芝的姑娘
互道早安后
我接着窝在备忘录里写诗
（梅表姐说我的诗是段子，陈老师说分行都叫诗）
她已在洗手间修她的眉
用一把柳叶小刀
她换下昨天的海魂衫
不想跟同事留下不检点的印迹
还要拿款新手袋
仿佛刚刚走出家门的样子
今天穿一条碎花长裙，很长很长
契合长街上的春色
因为她的个子实在太高，平底鞋也要换上的

再撕开冰箱里的酸奶，习惯性地舔一舔盖儿
昨夜从星盘上捕捉几条图谱
林芝，生在成都，摩羯座
满世界的乱撞，还没有去过西藏
来北京三年了，喜欢户外运动
参加过香山 10 km 越野跑
喜欢胃里的火焰，用一杯咖啡来扑灭
喜欢甜品，和苹果
偶尔听一场诗歌讲座
我们在库布里克遇上
又在蜂巢艺术中心重逢
早上七点，她准时从朝阳门上地铁
去家环保机构上班
我依旧在鼓楼坐 82
别看啰嗦了这么多，其实我对她一无所知
她根本不叫林芝，她只是千千万万的漂泊姑娘

以上不是陈老师
可能只是梅表姐

宿杭州

院子里的花，都叫不上名字
像与我共餐的人
径自开放，将目光移向一株株树
香樟，杜英，合欢，无患子，枫香
红叶李，棕榈，水杉，乐昌含笑
泡桐，茶花，石榴，玉兰，全缘叶栾树
鸡爪槭，柳树，桃树，柞木，紫薇
垂丝海棠，黑松，红枫，五针松，罗汉松
珊瑚朴，苦竹，青梅，香泡
金森女贞，广玉兰，羽毛枫
银杏，盘槐，蚊母，枇杷，佛肚竹
金桂银桂，一枚枚紫铜的牌子，映着夏日的光
——江南忆，最忆是杭州
山寺月中寻桂子，郡亭枕上看潮头

五月末，杏儿满地，枝叶满天
此处即归处，杨公堤上，灵隐山中
早晨醒来一场细细的雨
不醒来是你秀发如丝

生僻字

把吴圩念错
都不好意思再一次降落
徘徊又徘徊
在邕江边
询问十二月十二日的树还能绿多久
洋紫荆花不停地摇头
菡萏一定枯了，觞咏的人
顶着雪白的雪
眼里全都是中山路上
雪白的腿
『像是来过，因为我确知你曾在这里等我』
覃子豪随便造访了老友的梦
泥土，溪水，卌，鹅卵石
赤足的乐趣此消彼长

嘿嘿嘿

我有千金散不尽

你有江水流万年

他们说，有山就有洞

谁在此皈依

鹅

信上说
送我一只加拿大鹅
鹅
鹅
鹅
不禁吟起
幼稚园的唐诗
和
王羲之的鹅池
遥想当年从蛟河乡下的水塘
抱回两只白鹅
其中一个
鹅毛没顶住鹅毛雪
大雪冻僵了
小镇

上个月去湾仔吃烧鹅
望见 SWAROVSKI 靛蓝湖面上的白天鹅
宛如仙子游弋凡间
高冷的不可亲近
轻数着屁股后面的 0
一个两个三个
喔，真的是
一千刀，一千刀
刀刀见血的
加拿大鹅
究竟是只怎样的鹅
哦
哦
哦
原来就是普京穿的那个

过吴江

——我有一瓢酒，可以慰风尘
江沿八罗汉，谁是摆渡人
我有一瓢酒，风尘皆可慰
罗汉沿江走，都是摆渡人

驻标间的男人
不习惯退房
在苏州，揣着沈阳的房卡
在济南，保留着北京的
一日三省。G字头的列车
好似一阵风
山谷中的牛羊不散

院子里的银杏坠下

叶落归根。你仍在空中飘零
如一封空白的介绍信
没有归处，又都是归处

终于习惯
拿酒店的杯子泡自己的茶
用键盘替代涂鸦
搜集抽屉里的便签
折几只鹤

兴寿镇

太过偏远
偏远之地是不是皆可称为桃园
桃园在兴寿
兴寿在昌平
昌平在北京
北京在心中
像一个人

还是被她吸引
她的乌发，她的桃白色肌肤
她的阿玛尼外套
她的纤细踝骨像纽扣
她的香水味
她的院子和褪下来的银簪

她的蝉声与暗影
拂过晚风
一架飞机印在月亮上
如藏书票

清明时节

为什么凭吊就一定是悲凉的
潮白陵园比三年前要挤
松柏与墓碑之间还真容不下半个胖子
闲不住的你是否偶尔会给邻居们显摆显摆
从雾气弥漫厨房里钻出来边用腰上的蓝围裙搓着手
嘴角上漾着笑意，边喊着，开饭啦！
你的东坡肉绝不输西湖的楼外楼
是不是应了那句不想什么什么的不是一个好大夫
仁者为医，你真的是个好大夫
行程有点紧
只带来了稻香村的点心还有老家的洮南香
知道你的酒量不行可还想喝两盅
那就陪你聊聊吧
你走后，霾很重，今早太阳还是赶来了
日子不容易，可我们依旧笑着

信

小窗： 别来无恙，好久没通音信了
昨天在报上看到家里老宅子要拆迁了，很是惦念
记得你讨厌住高楼，曾说过，有院子才叫家
估计你最放不下的应该是那株海棠吧
该热闹时热闹，该寂寥时寂寥，她一直陪着你
前阵子收拾旧物，忽然看见 1986 年的贺卡
『今朝风日好，或恐有人来。』
三十年啦，你没来，我亦没有去
承诺带你去看海，也无数回在梦里兑现过
想想，你又该骂我了，春雨绵绵
不觉那已是最好的时光
祝安。知名不具，5. 22

粉蒸肉

今晚的月亮是他们的

咱们谈论粉蒸肉
米粉一定不要超市里的
自己碾的比较细滑
肉，看你喜好，喜欢五花肉的就五花肉
想起回家时火车穿过五花山
叠叠重重，将筷子伸向窗外夹一口秋天
舍不得吃光，慢点慢点再慢点
池塘边的藕有两种，一种是炒着吃的，
一种是煮着吃的，选骨节大的
香芋切片和藕铺就层层团圆
扑打好厚厚的粉底等待上妆
南风北吹

蒸，半个时辰
嫩嫩的，软软的，滑滑的，糯糯的

今晚的嫦娥是我的

灯谜

元宵和汤圆不一样不一样不一样，重要的事说三遍！
豆汁与豆浆？同上同上同上！
涮肉，北门和南门哪个正宗？更偏爱咏春！
烤烧饼，炸烧饼这是个难题？哦，追加半片立普妥！
红星和牛二哪个更牛？星哥 56 度无死角！
老板娘漂亮不如鸡枞地道？打包！
云海肴校园民谣都是佳肴？只有云知道！
孚王府生普熟普喝什么？人熟为宝，何况茶乎！
1901 摩卡和拿铁难分高下？5 号线 A 口！
朱淑贞与欧阳修，花市灯如昼今晚约谁？
艺术和当代艺术都是艺术？一起猜灯谜吧！

咏春

念念不忘必有回响
真的有吗？
大厦那么静，那么静
哦，不是回响
是二十四楼转角处扑通扑通的心跳
也不是心跳
是被敲打了一夜的键盘在喊疼
疼，其实也不是
一只 LV 迷失电梯里
不知是上是下的轻声叹息
还有什么，漏掉的，细节
哪怕一个小小的尾音儿
有时星空太漂亮了
会是一场巨大的遗忘

无法恢复丢失的.pptx

翻墙的梨花纷纷，枯井是无声的
集体缄默，仿佛为某人送别

我们只为告别而生

我将会和镜子告别
还记得某个一见倾心的早晨
直至裂纹满面
我将会和毛巾告别
还记得第一次肌肤相亲的柔软
如今已磨为僵尸
我将会和水果刀告别
还记得当初滴血为盟的誓言
一股脑把梨花染成桃花
我将会和钟摆告别
左摇右晃之间，熟的渐渐生了
所有的这些面目全非
除了名字，我不得不和自己告别

还想用脚尖踮起落日
让黑暗来得迟一点，再迟一点
还想把烟花插入瓶子
醒来时，依然绽放
还想将睫毛深处的一片雪
夹入信封邮回故乡去
还想在这个冷僻的星球上
遇见一个温暖的同类
哪怕最终的最终
我们只为告别而生

她的名字

很近，去小南山的路上
路过一条江
缓缓东行，不管我的脚步急或迟
她优游不迎合，两个月不停歇
不喧哗，不呜咽
悄然无声地东去东去
方向在哪里，她似乎
比我清晰
比我坚定
有时，也在桥头看她，深深低下
她并未仰视过我
哪怕激起一朵小小浪花
幽暗，辽阔，瞬间的闪烁
像喜悦刺痛我

芒草沿岸千里，在她左右
半片枯叶，贴着她呼吸起伏
野鸭子是她怀中的鸟
对岸的佛单相思已有几年了
此处，我不会耽搁太久
第一场雪落下
小南山的路，越走越冷
我和她，很近
隔着雾，隔着纱，隔着栅栏
隔着人类的一丁点善意
静默。命运不是用来叹息的
哦，忘了告诉你
她的名字

小乔

自助早餐的花色很多
吃来吃去，还是会选那么几样
咖啡，全麦和切好的橙子
热菜熟视无睹
冷盘常被冷落
至于更多的水果和热情
点心与诱惑
以及一枚煎蛋的孤独美学
还有待开启的红酒
甜美安静，冰淇淋的童趣
香艳的培根和空运海鲜的生猛
她们自有她们的世界
两个月来像涉足一条星河
鱼贯而入的短暂交错

不解风情又匆匆一瞥
遇见仅仅是遇见

窗外湖水很蓝
徽派建筑在云朵间黑白分明
台布不污，服务生十八岁
客人喊她小乔

西桥巷，等一会儿爱情

不是筹划已久的电影
是A陨石的突然坠落
刹那间砸烂世上的小算盘
进入乱码程序

不是亲友团的交响乐
是雨后的B小调
草叶上每滴水珠都听得入迷
风也停下猫一般安静

不是远方和诗的意象
是早餐中你一匙我一匙的汤
是你舌尖传到我嘴里的糖
是单人床双人躺

是你的脸颊比我高烧时还烫

不是这儿那儿，不是 CDE，不是 2 选 1
不是哲学不是宗教不是艺术
更像魔术师
一会希伯来 LOVE
一会阿拉伯 520
一会北京霾
一会银川蓝
一会是打江南走过达达的马蹄
一会是想要触碰却又收回手
一会怀揣小鹿
一会又满广场的鸽子
哦，爱情
到底是什么，等一会
就一会儿

起士林

扇子收归待来年
来年会来
有的人却不会再来了

1901 年的起士林店
又修缮如昨
望着东经路上的幽静
想跟你坐在此刻

云过留墨，古松翠
风拂回廊，咖啡香
谁说
旧地不重游
旧梦不重温

看海水，从天际涌来
听海水，从梦里退去
来来去去
打湿了牛角面包

拂衣去，深藏功名
核桃一秋熟一回
我们一生几回

夕阳之歌

海再汹涌
越不过岸的防线

浪花再急切
追不上转身的脚步

蝉再聒噪
时令一到便集体缄默

合欢树再浪漫
抵不住凉风似刀

老洋房再优雅
眼睁睁毁于岁月的枪炮

历史再真实
都不得不存疑

人性再卑劣
黑暗里依然会有微弱的光

日子再难熬，早餐一定吃饱
你再哀愁，也要把欢乐讲述

北戴河拾梦

1

原来你是潜水在 500 米海水下的那朵浪花
总会在某个不经意的午夜
掀起滔天骇浪
卷走泰坦尼克上一万吨爱情
冰川依然
海洋之心仍在

揉一揉眼睛，醒来
推开酒店的窗　风平　浪静

2

自从别后
我的右颊生了一颗痣

很羞愧，面对海上的明月
行囊里揣着竟是如此功利的书
那个迷恋辛波丝卡的少年
怎么就被丢弃了

他们说，恐怖的海蜇会致命
可我眼里尽是赶海人

3

不再抱怨，从早到晚
铺天盖地的蝉鸣罩住了我们的心
不再空叹
小城的美已是旧梦
黄昏，沿着鸽子窝的清凉慢慢走
想着你住在东山下

七夕夜，有一份俗世的爱
就好

4

又一阵海风
从傍晚的指缝间悄悄溜出来
摇响了教堂尖顶上的钟声
灯塔，远远地亮了
一群孩子在沙滩上放起烟火
抬头时你的乌发拂过脸庞

和我一起生活吧
在某个海边小镇

5

海，依然是个美丽的所在

浪花像鱼鳞般闪亮
篝火燃起，月光下的梦幻如翡翠
酒喝出了甜味，一只小螃蟹在星子间横行
西瓜从深井里捞起

爱情终不过是一场别离
甚至记不起名字

6

你知道，我一直在寻你
从 1896 年那个细雨的早晨算起
已穿越了三个世纪
我乘车匆匆而来
你骑驴悠悠而去
一往情深的我们，注定要彼此辜负

别后的日子，似有还无

天使说，想念的人迟早会相见

冰激凌胡同

夏日午后，白衣黑裙
逃了课的蝴蝶
偷懒在东狮咖啡馆的角落

胡同寂静，好像睡着了的模样
一辈子很短
八角亭还留在黄昏里

牵挂这么多年
幸福，甜蜜
像枚成熟饱满的果子
等着心爱的人采摘

客里无宾主

花开即故乡
白雪皑皑的富士山
眼看在你嘴边
渐渐融化

东师边的店

今晚的月亮像个灯泡
赶忙掏出笔记本
记下晚饭
锅包肉，水豆腐，黏糕饼，碴子粥
还有两个菜
不会写
不过，可以口述给你
应该有冰镇豆浆
上一次在岳阳街吃饭
我们拍了照
进门几口大锅
雾气缭绕
梁上挂着金黄的老玉米
你说，当时就想到四个字

人老珠黄，忽然间
二胡吱吱呀呀
像锯一样拉开白与黑
回不去了
成都，伊宁，金边，阿拉木图
每个走过的地方

谁家院

我们老了
念想少了
数一数庭前的落花
望一望天上的归鸦

巷子静了
月亮近了
泡一泡陈年的茶
听一听风的闲话

我们老了
回忆多了
错的对的疯狂的荒唐的
都不再后悔了

猫儿睡了
毛豆熟了
闻一闻烤羊排的香啊
等一等草原上的你呀

谁家谁家院
九月九月天
不再散了
一起老吧

梨

惦记的人不多，又怕忘记
他或她的名字在七夕里过一遍
忍不住跟她说：我爱你
又忍住了，没说
偶尔也会反过来
说与不说，不影响秋天的结果

今早进城，我带着露水
和草木的清香，鸟叫像她裙子上的碎花
细长的手臂有着薄荷的凉
布袋中摘满了梨

我知道很快吻着
整个夏天未尝尽松鹤蛋卷的味道

层层叠叠涂抹上番茄酱
誓言如果有颜色，一定是猩红色的
咖啡馆隔着三条街
有轨电车卷起落叶

途经

诉说着你的南京，他的北京
我们曾经的途经
不只一次，不止于此
记得那家餐厅，草木葱茏
有个天井，一朵栀子花
隐约了面容
过去半生，别问幸与不幸
白且香花瓣几重
青云几步
啜饮着你的乌发，耳洞空空
盈盈一水间，四季不明
要积攒足够的光，彼此遇见
梧桐树阴影下
恋人迎着风，不说话

食索

竹篱外的雨
急与不急
都无谓了
反正是一种泥泞
很深很重
读你跋山涉水的句子
我却懒得
变换一下坐姿

眼眸里的天
晴与不晴
都无谓了
反正是一份郁纡
春日迟迟

你忙着
去赴另一个约会
什么也没留下

结婚半年

终归让一个人变懒
电台已经许久不更新了
早班路上的心情与晚安统统省略
还有周末的爬山，扫街和电影
及爱吃的山竹与天妇罗
渐渐凌乱，找不到看了一半的书
甚至外出的证件
乌云偶尔升级为阵雨
沉默是旷日持久的伞
老友逐一失散
开始怀念狗叫
一张文艺范儿的封面
还怎么忍心对照
从前喜欢的不那么喜欢了
原来厌恶的不那么厌恶了

居家吟

我的心
跳得非常不安
四处找药

一本书
半杯茶
几块小曲奇
不管用

我去厨房里
拿起刀
削土豆皮
一个
两个

然后是胡萝卜
紫洋葱
忍不住泪水

不存在更好的生活
对我来说
始终存在着更好的想象

从冰箱里
取出咖喱

归去来

你有多少来路，就要有多少去处
你有多少田园，就要有多少荒芜
你有多少房屋，就要有多少无家可归的夜晚
你有多少繁星，你就有多少侘寂

你有多少江河，就要有多少流浪
你有多少追逐，就要有多少迷途
你有多少玫瑰，就要有多少长歌当哭的刺痛
你有多少爱欲，你就有多少虚无

你有多少推倒，就要有多少重建
你有多少灵光，就要有多少笨拙
你有多少诗行，就要有几百公里成吨的废话
你有多少幸福，你就有多少庸常

寒食节

那天晚上，在超市
每个从我身边擦过的顾客
都是透明的南瓜灯
这些魂魄，在超市迷了路
他们活着的时候，没逛过超市

今天晚上，超市
是不是汇集着更多的南瓜灯
在江东，唯一的食杂店
由于雪大
早早打了烊

鸭绿江

一路上，吃山吃水
吃长长空中的一只雁影
吃胭脂
吃抹茶
吃夕照下古堡的金黄
吃陌生人的笑
我的胃，像雪球
滚滚向前

哨音辽阔，炊烟孤直
暮色中
火星劈劈啪啪
乱蹦。捧又捧不住
停又不肯停，萤火虫也来凑热闹

月亮是不分国界的
我怎晓得山中
常常停电

六顶山之节气

立秋

看池塘里的睡莲
挺挺地立着，疑是真是假
想明日再来
再来见分晓
未待至明日，傍晚时她已睡着
生物钟调整得好好
一眠一醒，比你在北京规律

抬头见佛见云
见秋水
见远山
见俗世中的本相

不喜那些崭新的庙宇
寻不得一株古树
幸好，有睡莲

白露

江堤上大雾
白茫茫的世界里
几只空酒瓶应该是昨夜的

对岸的如来
总是把善良隐藏得很好
如同爱情

秋分

他不是如来
他不在高处
秋分后一个萧索的男人
像江心上的芒草
细数这半辈子的成就
只是把悲剧
过成了喜剧

霜降

霜降以后就冷了。
她说，我们从来没有热过
从来都隔岸观火

隔岸不是火是佛
我们曾经

热过热过。他说

立冬

我追你，跑丢了一只鞋
索性甩掉另一只
当站在你面前，赤裸双脚
冻僵的大地冒着热气
十一月是粉红色的

小雪

我明天晚上去北京
你会不会见我
我不确定

我能确定的是不直接告诉你
我来了。

十一月，如云似雪
悄悄地订下全季
像上回那样

大雪

大雪把一条街
漂白了

小旅馆
被单上好闻的香水味
我几次
将昨夜的她

抱得更紧

她应该
也是雪白的吧

小寒

山里冷了
她跑回酒店拿毛衣
想给它披上

他说，佛有天地
罩着
别自作多情了
小心感冒

冬至

背影不是她
小镇我曾经路过
积雪年年
白白落下

惊蛰

冬藏的太久了
踏上窗外盈尺的雪，吱吱叫
像觅食的松鼠
云朵也是白
缓缓跟着
腊梅花，迟迟不败
溪水潺潺

云朵的乘客

多伦多冷吗？
名古屋冷吗？
波士顿冷吗？
奥斯陆冷吗？

北京冷吗？
上海冷吗？
南京冷吗？
银川冷吗？

阿拉木图冷吗？
花都冷吗？
云龙冷吗？
泰州冷吗？

万县冷吗？
甘南冷吗？
贺开冷吗？
洋溪冷吗？
十渡冷吗？
东港冷吗？
大小梅沙冷吗？
哦
哦
哦
皇后镇呢？

长白山
冷。

京城十景

地坛

皇祇室院子里的白玉兰
看上去多么像雪衣豆沙
咬一口会甜蜜
她见过的皇上
是不是和我一样嘴馋

MOMA

在库布里克
听陈可抒，讲诗
深红色沙发上的女孩
一次次打断我

她并没有说话

九䲣

店很小，要一碗乌冬面
蔬菜的，咖喱的，牛肉的？
晚风徐徐吹着
樱花忽然开了
其实我
只是喜欢：乌冬面
仨字儿，像安飞霏一样

北池子

三月的过客
总忍不住往里面窥探

明明知道
骑河楼的胡同不是我的
铅灰色的深宅大院也不是

紧紧掩上门
养鸟，养鱼，养海棠？
养一份深闺的寂寥
春风像个唱诗班的孩子
把兽环轻叩

小云南

老板娘漂亮
保定猴一脸真诚的坏笑
我说还是鸡枞好吃

今晚又去，从潭柘寺下来
理应素一些
我依然点了鸡枞
他差一点
点了老板娘

秀园

当活着，了无生趣
泡一壶梅的茶
抱一瓶枫的酒
读一宿光辉的诗
醉了，醉了，醉了
醉是一种趣
鞋子很红
衣服很绿

满世界都是不羁的你

玉兰花

趁夏天没来
一千多公里火车还不算远
从白城赶到京城
满街的玉兰
粉的
白的
黄的
紫的
一勺勺五彩缤纷的
哈根达斯啊
献给你
献给你

献给你

涵芬楼

把书店的位置发给她
把法兰西诗选的封面发给她
把第一件好事还是读书的楹联发给她
把我们永远孤独的句子发给她
其实是把思念发给她

我还想把教堂的十字架发给她
及神父那段耳熟的话

东堂

每个单字

都是一粒小小药丸
排列
组合
装在一个个方格里
等待
早中晚
服用
治疗
可能的失常与失眠

有时，忙累了
有时，不想
四月天，所有的植物
都有点疯狂

鼓楼

我们天天坐 82 路
从鼓楼上车，去北河沿大街 117 号
路过烟袋斜街
路过南锣鼓巷
路过峨嵋酒家
英华说，他家的宫保鸡丁地道
我们天天坐 82 路
隔了几天，老程悄悄告诉我
鸡肉有点腥
又隔了几天，还是从鼓楼上车
我们去了相反的方向

东交民巷

鸟儿飞去，又折回来
枝叶在云里慢摇，寂静如山谷
博物馆幽深的门洞里
哗啦啦窜出一群孩子
像打翻的糖果罐子
五颜六色伴着大呼小叫

偶有一对情侣走过
拍照，嬉笑，牵手
阳光暖暖晒着 1901 年的老邮局
忽然想起情书的味道
圣弥额尔教堂已经 115 岁了
当时的新娘可还好

景山

窗口很大
大到把整个夏天装下
骑在窗台上
像儿时的旋转木马
等她

没有了木吉他
不再有野花
晚风悄悄耳语我
回去吧

景山的景
框进了一抹血色
白塔的白
映在她手背上

孔乙己小馆

等客人时间
慢且无聊
看会儿厚厚的菜谱
茴香豆
臭豆腐
东坡肉
又见几抹江南的柳色
及春笋似的服务生
什刹海里野鸭子也能高高飞过
某人的旧居
他们怎么相遇甚至
再问一次
后来眼光落在两盆绿萝上
仔细辨认

一盆是假的
另一盆用指尖
掐了掐
忽然忆起
她吃惊地叫声
疼

覆盖

真的，我只能用句子覆盖句子
用一首诗覆盖另一首
我只能用早晨覆盖夜晚
用清醒覆盖失眠
用生旦净末覆盖子丑寅卯
用一日覆盖一年
用酒覆盖恐惧
用手帕覆盖悲伤
用一条小鱼覆盖海洋
用一阵风覆盖你
用毯子覆盖回忆
用几个词
覆盖匆匆一生

用小黑裙覆盖纠结吧
用口哨覆盖云雀
用马卡龙覆盖早春的吻
用 Q 覆盖 1

四月

假如你不能在四月爱上我
真就迟了
就像昨夜离别狂欢中那瓶未尽的酒
天亮了，我们分头赶路
不再有交集

假如你不能在四月爱上我
真就迟了
就像星期天午后急匆匆路过玉渊潭樱花的海
等风来，我们人在天涯
满地雪花白

假如你不能在四月爱上我
真就迟了

就像小小院落里望一眼那方小小的晴空
雾霾在，我们怎能辨认
风筝和飞机

假如你不能在四月爱上我
真就迟了
就像镜子中的素颜不化妆再没有回眸的胆量
城门开，我们挽着春天
你说采茶去

秋老虎

秋天应该有两种样子
一种是阴晦的，一种是晴朗的
阴晦如我屋檐下的水滴
晴朗如你行走的心情

秋天应该有两块料子
一块铅灰，如我沉重的套装
一块花样年华
如你恋爱时约好的灿烂

秋天应该有两个坛子
大的腌制酱菜，如我重口味的中年
小的酿酒，如你夏天的故事
香气历久弥新

秋天应该有两只虫子
一只是老虎，如我伤及众生
一只如你，昼夜不停地嗑一个小洞
通往冬藏的路上

梵唱

去过峨眉天台梵净普陀
又不记得去过

想看你的裸体
仅仅是上一个瞬间

万法归一，一归何所
我在青州做一领布衫，重七斤

可得而不得乃真得
昨晚上莫斯科机场的风雪更大

两手空空，双掌合十
信物是千古江山不是 Dior

怎么还不将高跟鞋脱掉
会把白云踩疼了

长白山

一月的急促，近于奔跑
命运铺张像手擀面
二月的秧歌，太过喧闹
炸元宵烫了猫
三月的柳色，拂过残雪
撩人卷起春饼
四月的河套，南岸花开
水饺宛若小舟
五月的山中，翡翠也冷
燃松枝蛋炒饭

六月的雨季，躲在檐下
摊煎饼给邻居

七月的腰肢，花环围绕
炼乳样软白的馒头淌下蜜汁

八月的晌午，榻榻米上
弱水三千只取半碗冷面

九月的院子，天高云淡
摇着蒲扇，烤穗老玉米

十月的脚下，雪花飘零
炭火盆中，烧几个土豆

冬月的缸里，不再盛水
装满黏豆包，黄的白的
腊月的呼吸，终于慢了
命运简单如白煮蛋

寻访千利休

碰翻桌角上的柴烧杯
便学会蹑手蹑脚
不知这是不是茶道的一部分
还是将壶的盖钮磕掉了
挪动公道杯的刹那，哦，要轻拿轻放
想必这应该是茶道的一部分

夏天，你最好，最无忧无虑的时候
我们应该拥抱一下，还有很多电影
想和你一起看的
不觉已是深秋了，雨雪霏霏
日子过得小心翼翼
烧水，取茶，不打碎手边的小东西

特载：沧海几颗珠

nixi

1

程哩以前写过一首《聂隐娘》，发在朋友圈里。然后删了，改写了一遍，又删了。我当时没存下来这两首，但读起来的感觉是记住了，并且对它有了不一样的印象。

现在还记得，那两首《聂隐娘》，背景是在一个干净的场所，我猜是比较高级的地方，灯光明亮，方桌上有台布铺就，餐具清新，就两个人，对面坐着一位姑娘，可能是穿红裙？还有好看的围巾？可能在说着什么？然后诗歌从此展开，在某一点，大概是姑娘衣服跳出的颜色这一点语感上扬，然后停顿，结束。

修改前的第一首诗感觉灵动，好看。第二首诗却没那么好看，那段上升的地方被他删掉了，整首诗发生了改动。

这是我当时对诗的印象，仅从诗的好看这点来说，觉得可惜。这是因为，改前的第一首诗读起来好，诱惑力十足，充满年轻人的跳跃感，但虽美好且生命力十足却有一种直男感。改动之后的第二首诗，没有了这种挑逗感，感觉变得踏实些。诗歌的质感整体发生了变化，这感觉像是一种有意为之，是一种对自己和诗歌里人物的负责。

虽有遗憾，却对程哩产生了另外的感觉。现在想起来，基本上就是这句话：这个人是从属于生活的，从属于自己的态度，有自己的约束。

之所以从这个角度理解程哩的诗，大概是因为我好像也这么想过的吧：生活本身是最值得描述的，写的过程中拔高太多、改变太多、人的情绪异化太多，那我们描述的就不再是第一世界而是第二世界的影子，但影子似乎不可靠。

2

程哩的《美国杯子》《1999》两首诗让我们看看生活。

看看 Starbucks 的大马克杯，看生活是怎么娓娓道来的，看看生活里的意向，不用找，自己就出现了。

在这两首诗里，人活在字里行间，特别是后一首诗，人在生活里无能为力，但幸好无须出力。这样在一个生活的观察点上，透过一个大马克杯，或者一个小酒杯，观察和感受、投入或疏离，时间就这么静悄悄的Passing by。

这里，我们看到了自然的写法，像是一个人站立在事物之间，事物就顺着这个人的周身自然流淌，沿着时间的顺序，或者空间观察的顺序，从前到后、或者从右到左，不倒叙、不插叙，思维的逻辑感淡得像流水，半生的情感就在几个字符间，如流水中的石头。

这种写法，更具有一种不加判断，不挑衅的态度，对生活本身不加评论，几乎不让自己的情感做主动表达，只描述，让生活自己来抒情。

3

作为一个早已离开东北的东北人，我曾经对冬季的烟囱、散落的麻雀很熟悉，这是东北冬天典型的场景。只是我不抽烟，至少在离开东北前还没学会，所以对火柴、烟盒之类的东西不算熟。

可是程哩熟啊，他还带着十二岁离家时的火柴盒，还记着不带咀儿香烟的味道，所以他能穿过冬季特有的带着煤灰味的雾气，回到儿时的故乡，回到棒针，外祖母，灰色围巾所在的地方。

我猜很多事儿已经消失，属于过去，场景属于过去，人也属于过去，人们走过的路如此漫长，思维回到原地的时候，原地已经不是原地。只是我们还能够通过某些物品，唤起对过去场景的感觉，那件物品，就像是过往世界的某个入口，比如这里看到的12岁的火柴盒。

对程哩来说，这首诗是一个过去时代的唤醒过程，对我来说也是，这是他的少年时代，也是我的少年时代，这是他的故乡，虽然不是我的，但对我来说，同样有这一句——云朵离开故乡叫霾，河流离开故乡成海。

4

诗人和孤独，这两个词可能是分不开的，刚认识程哩的时候，我还算年轻，对孤独这个词没什么感觉，甚至不屑一顾，但是几年之后时过境迁，当然个中感受无以描述。

这时候我读到了《青年东路》《药水泉》，读的时候，我想起罗大佑的『皇后大道西又皇后大道东』，当然青年东路不在香港，在济南，一个我没去过的城市，一个陌生地，看起来程哩也是一个人去的。他去那个地方，和一个普通的观光客那样，放下行李、放下担心，在青年东路漫游。

早上雾气很浓重，虽看得到线路和方向，但需要走很远，无法预知能看到什么，只有自己走过去，只要人过去了，迷雾也就消散了。在不同的时间去会看到不同的青年东路，但通常时间不够，不能把雨雪霏霏和杨柳依依全部走完，只能在特定的时空走过某一个瞬间，可能会印在记忆里，也可能不久之后就忘了，只是这回，诗人把感觉写到了诗里。

青年东路与药水泉远距几千公里，一个在繁华古都，一个在大山深处，两地山水遥迢，却又一线相牵，陌生地有陌生地的安慰，这是我的理解。陌生是一种期待，是一种未知，未知可以缓解孤独，这孤独可能是诗人的，也可能是你和我的。

5

回忆是用来献给岁月的，写给经历岁月之前的自己，比如当初那个少年。这首《我要写一首诗给你》，诗里的你不是你，而是当年的自己，是那个少年。

一转眼几十年过去了，少年历经世事，有过求不得，有过不可得，还有些不可说因为自己也不明白，这些都成了生活的一部分。回看的时候，往事都将沿着铁轨单向滚动，开启、绽放、收束、关闭。少年来之前繁花还没开，经过时繁花开放了，离开后繁花谢了，零落成泥。如果没有选择这条路，繁花是否还会开放，还会存在，这些都不知道。

回忆是一种回去。只是不可得之事终究不可得，不明白的事物历经世事之后可能还是不明白。有些人有些事错过了，再来一次可能还是错过。无论怎样我们还是有得到过的，身为碳基生物，身处宇宙空间，时间法则是改变不了的。这是一首献给自己的诗歌，是一个还没有完成的总结，写给未完成、未实现、未选择之事，写给已完成、已实现、已选择之事，写给当时的少年，写给现在的自己。在风雪即将来临的傍晚，喝点小酒，喝点老茶。

6

冬季漫长，不适合活动，人们需要藏起来，东北俗话叫猫冬，一直到雪化，春暖花开。近些年，冬天没有那么冷了，生活多了些压迫也多了些便利，于是冬季发生了变化，出去也成了常态。

但无论怎么变，总有些习惯的东西不会改变，比如对温度的需求，需要暖和和的热水，需要热乎乎的面包，需要烫嘴的豆腐。还有一些更加习惯的东西，可能是年少时就形成的，像妈妈拿手的油炸丸子。

身为一个东北人，我妈也会做干炸丸子，每年春节时都会炸一大盘。所以看到这个的时候我特能体会程哩的想法，也许他有他更加深刻的感触，岁月在他那里积淀了更久，他的诗都有岁月深入的痕迹。

当小小的絮叨发生的时候，那是一个人在漫长岁月中形成的习惯，也是一种小小的期待，这些习惯可能发生一些改变，或者可能被遗忘，但是那些事毕竟发生过，在某个时候会被唤醒。所以无论怎样遗忘，《单衣过冬》中对妈妈拿手的油炸丸子的记忆，是会被忽然唤醒的。

7

两行一节的诗歌，我也很喜欢写，这种写法最大的好处是场景变化多端，每两句就可以变换一次，非常适合有节奏感的诗歌。写这种诗的时候，一般想表达的内容，也主要是人的情绪推进，这首《无题七小对》，情感上还是相对舒缓的，像是一种缓慢的等待。

场景是从三小时电影开始的，是为了度过一个夜晚，甚至有酒喝，也是为了度过一个夜晚，和人聊天，也为了度过一个夜晚，但还是没有度过，一直到完整的7个小节过去。在这首诗里，场景7个，变化6次，以等待开始，以等待结束，隐约形成一个回环，一种情绪的完整变化过程，一种期待，以及对未来之事的小小规划，虽未必真会去实现，但是可能性就在其中诞生了，只要有可能性存在，未来这种小小的回环还会继续发生，循环往复，配合上爱、理解和期许，配合上这些美好事物，最后促成生活的一个小小的瞬间。

8

如今，人们普遍喜欢猫，猫可能是现代生活中的第一宠物。猫形态百变，性格百样，有性情温顺的，有喜欢缠人的，还有一些高冷范的猫。我记得张爱玲曾经说猫像女人，这个比喻挺有意思的，但这个不是本诗的重点，《孚王府里的猫》是一个场景中的一种事物，是偶尔路过出现在画面中的，是被人熟悉却又不是场景中的重点，习惯之后，人和物都是场景中的一部分。

女人是猫，诗人不是女人，可诗人自己也是猫，两种猫不是同一种事物，它也会趴在老槐树上，慵懒着、观察着，自己随之融入这个场景里。

9

很多以钢琴为题材的电影，我知道的就有《钢琴师》《海上钢琴师》，分别发生在华沙、大西洋邮轮，还有一些以钢琴为题材但名字里没有钢琴的电影，比如之前看过一个澳大利亚女钢琴教师的电影，还有一部国产的并非钢琴但是和钢琴很有关系的电影《钢的琴》。

这些电影，很特别，都是在描述一个人的一段特殊的时光，甚至是一个人的一生。钢琴实际上是个引子，是用于氛围和意境的形成和故事的引导，这可能是因为钢琴这种事物的魅力，作为乐器之王，钢琴的韵律、音色太符合人类的审美了。至今很多人在学习钢琴，甚至我认识的一些校友，在年近50岁的时候还要聘请钢琴教师，从零开始练习钢琴。有时候我自己也觉得不可思议，钢琴真的有这么大的魔力吗？

当然在《钢琴课》这首诗里，虽以钢琴为背景、以钢琴为起点，但是这里钢琴不是钢琴，这里的钢琴和那些电影类似，是一个人的一生的记述，钢琴弹出的旋律也是这个人的一生的理解，这个是我对这首诗的感觉，这是钢琴弹奏者的坚硬或者柔软，这是不可能完美的旋律搭配上一个人不可能完美的一生，是这个人的爱恨交织，是这个人经历的世事无常，是已经过去的世界延续到此刻。

二零二零年十月于上海

图书在版编目（CIP）数据

我要写一首诗给你/程哩著. —长春：东北师范大学出版社，2021. 1
ISBN 978 - 7 - 5681 - 7474 - 9

Ⅰ. ①我… Ⅱ. ①程… Ⅲ. ①诗集—中国—当代 Ⅳ. ①I227

中国版本图书馆 CIP 数据核字（2021）第 015410 号

□责任编辑：刘佳微
□责任校对：李国中
□封扉设计：吕思文
□责任印制：许 冰

东北师范大学出版社出版发行
长春净月经济开发区金宝街 118 号（130117）
电话：0431-84568164
传真：0431-85691969
网址：http://www.nenup.com
东北师范大学音像出版社制版
吉广控股有限公司印装
长春市净月区生态东街 3330 号（邮政编码：130000）
2021 年 3 月第 1 版 2021 年 3 月第 1 版第 1 次印刷
幅面尺寸：142 mm×210 mm 印张：11.25 字数：220 千

定价：52.00 元